AF224409

CONSEIL D'ETAT,

COMITÉ DU CONTENTIEUX,

MÉMOIRE

POUR

LES COLONS ET CRÉANCIERS

Des Isles de France et de Bourbon.

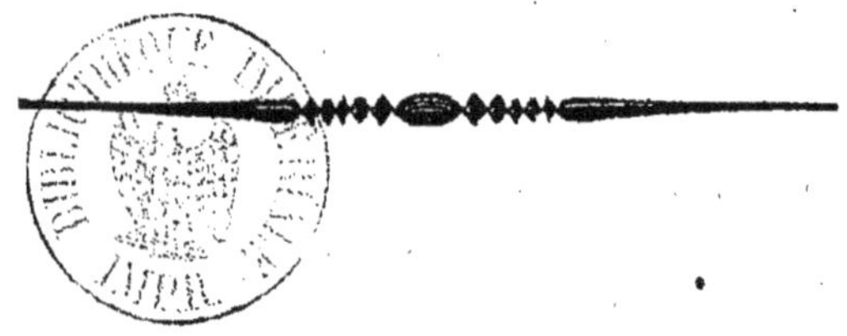

AU ROI,

EN SON CONSEIL.

MÉMOIRE

Pour les Colons et Créanciers des îles de France et de Bourbon.

Sire,

Un prétendu Décret émané de l'ancien Gouvernement, qui a annullé les titres les plus sacrés, sans aucun motif légitime, mais seulement en vertu du droit du plus fort, qui a été rendu hors la présence des parties intéressées, qui ne leur a jamais été notifié, qui n'a été ni imprimé, ni promulgué, ni inséré au Bulletin des Lois, et dont

A

la nullité et l'illégalité ont été consacrées à l'unanimité par deux Décisions de la Chambre des Députés, peut-il être considéré comme obligatoire et définitif?

Telle est la question soumise à votre Conseil d'Etat.

Les droits des Colons des îles de France et de Bourbon n'ont jamais été contestés au fond : leurs créances reposent sur des titres inattaquables, sur des lettres de change, des décomptes et des marchés revêtus de toutes les formes pour en assurer la validité, et contractés en vertu d'un mandat positif de la part du Gouvernement qui les a annullés. Elles ont pour base des versemens de fonds, des fournitures de subsistances, des appointemens civils et militaires acquis, enfin, des objets d'utilité publique de toute nature.

Des obligations aussi solennelles et aussi sacrées ne pouvaient être éteintes que par leur acquittement et leur libération ; cependant on trouva un autre moyen pour les paralyser.

Le même Ministre, M. Decrès, qui avait accordé un crédit, qui avait autorisé au nom du Gouvernement, les Administrateurs généraux des îles de France et de Bourbon, à emprunter pour les besoins de leurs services, présenta un travail au Chef du Gouvernement, et sur son rapport, il intervint un décret le 28 février 1812, qui prononça l'annullation de tous les titres de créances des îles de France et de Bourbon.

Ce décret attentatoire au droit de propriété, qui a été rendu hors la présence des parties intéressées, n'a jamais été imprimé, ni promulgué, ni inséré au Bulletin des Lois ; il n'a même jamais été notifié (condition prescrite par l'Avis du Conseil d'Etat du 12 prairial an 13, approuvé le 15 du même mois, pour le rendre obligatoire), il est resté constamment enfoui dans les bureaux de la marine, et jusqu'à présent il n'en a été donné aucune communication aux Colons et

créanciers des îles de France et de Bourbon. — En 1814, ils se pour-
vurent à la Chambre des Députés : ils lui dénoncèrent ce décret
comme un acte nul, illégal et inconstitutionnel, et ils sollicitèrent son
intervention pour jouir de la garantie donnée à tous les créanciers de
l'Etat, par l'article 70 de la Charte, et être liquidés.

La Commission à laquelle l'affaire fut renvoyée, fut si pénétrée
de la justice des réclamations, qu'elle n'eut qu'un avis; son rapporteur, en présentant son travail à la Chambre, s'expliquait dans les
termes suivans :

« Enfin, Messieurs, l'évidence du droit des Pétionnaires, l'autorité
» imposante des Décisions du Conseil d'Etat sur cette matière, la
» confiance qu'on doit avoir aujourd'hui dans la justice du Ministre
» de la Marine, la garantie sacrée des dettes de l'Etat, stipulée par
» l'art. 70 de la Charte, tout enfin, a fait penser à votre Commission,
» que sous l'empire réparateur de la justice, l'acte arbitraire contre
» lequel réclament les Pétitionnaires, devait être complètement écarté,
» et qu'il leur suffisait désormais de produire leurs titres pour qu'il y
» fût fait droit. »

Le 19 novembre 1814, la Chambre adopta à l'unanimité l'Avis *unanime* de la Commission, et elle renvoya la demande qui lui était faite
au Gouvernement, par l'intermédiaire de ses bureaux.

Forts de cette décision, les créanciers des îles de France et de
Bourbon n'ont pas cessé d'en demander l'exécution auprès de M. le
Ministre de la Marine. L'année dernière, M. le vicomte Dubouchage
qui était décidé à leur rendre enfin la justice qu'ils sollicitaient
depuis près de sept ans, voulut, avant de prononcer, s'éclairer de
l'avis du Comité de la Marine et des Colonies du Conseil d'Etat, et
il n'attendait que sa Décision pour faire liquider et payer ; mais il
sortit du Ministère avant que ce Comité se fût expliqué.

A 2

Ce Comité prononça le 29 septembre dernier : son avis fut que le Décret du 25 février 1812 devait être écarté , et qu'il y avait lieu à liquider la dette des îles de France et de Bourbon. Cet avis fut unanime , et rendu en grande connaissance de cause , sur le rapport de M. Pichon , Maître des Requêtes , fonctionnaire très - distingué , appelé depuis lors , par Sa Majesté , à remplir une place éminente dans les Antilles.

M. le comte Molé , sans avoir égard à cette opinion , et à peine entré dans le Ministère de la Marine , trancha toute difficulté : il prit une détermination qui , depuis la restauration , avait toujours répugné aux sept Ministres qui avaient été ses prédécesseurs , et qu'ils avaient considérée comme souverainement injuste. Il adressa le 31 octobre dernier , une Circulaire aux créanciers des îles de France et de Bourbon , par laquelle il leur annonçait qu'il n'y avait pas lieu à revenir sur le Décret du 28 février 1812.

Ministre de Sa Majesté , chargé seulement de l'exécution , M. le comte Molé ne pouvait prendre aucune mesure législative : il n'était pas dans ses attributions de donner force de loi à un Décret nul et illégal , et qui avait, déjà , été reconnu pour tel par une Décision de la Chambre du 19 novembre 1814.

Les Colons et créanciers des îles de France et de Bourbon se sont empressés de signaler cette nouvelle injustice à la Chambre des Députés , et de soutenir que M. le Ministre , n'ayant dans ses mains aucun pouvoir législatif , s'était arrogé une suprématie d'autorité qui était hors de ses fonctions ; qu'inconstitutionnellement , il avait maintenu le Décret du 28 février 1812.

L'affaire a été discutée solennellement dans la séance de la Chambre du 6 avril dernier , sur le rapport bien circonstancié de sa Commission des Finances ; d'après son avis unanime et une discussion contradictoire avec M. le Ministre de la Marine , et en reconnaissant l'illégalité et la nullité du décret du 28 février 1812, elle a renvoyé la demande qui lui était soumise à Son Excellence elle-même, pour qu'il fût procédé à la liquidation de leurs créances (1).

Les créanciers des îles de France et de Bourbon aimaient à se persuader que M. le Ministre de la Marine s'empresserait de déférer à une Décision aussi positive et aussi juste ; mais Son Excellence n'a pas cru devoir y obtempérer, et elle veut que le Conseil d'Etat prononce. Ils ne peuvent pas discuter et combattre les moyens employés par Son Excellence devant le Conseil d'Etat, parce qu'il ne leur a pas été permis d'en prendre communication (ce qui paraît très-extraordinaire) ; ils se borneront donc à réfuter ceux qu'il a présentés à la Chambre, lors de la discussion de l'affaire.

Son Excellence soutient que le Décret du 28 février 1812 est régulier, qu'il est définitif, et aussi absolu que tous ceux qui ont prononcé des déchéances ou des annullations, et qu'en revenant sur ce Décret, il pourrait en résulter de grands inconvéniens.

M. le Ministre de la Marine est bien dans l'erreur, en soutenant un pareil systême.

Le Décret spoliateur invoqué, loin d'être régulier, est au moins aussi nul qu'il est immoral.

Il est nul, parce que le Chef du Gouvernement d'alors n'avait pas le droit de dépouiller de son autorité privée, et sans autre motif que sa volonté, des créanciers légitimes qui étaient à 4,500 lieues, et qui ne pouvaient être entendus. La Constitution de l'an 8, qui formait le

____

(1) Le Rapport fait à la Chambre et la Discussion qui en a été la suite, se trouvent joints au présent Mémoire, ainsi qu'ils sont détaillés dans *le Moniteur* du 7 avril dernier.

droit public en 1812 , porte, article 4, que «le Gouvernement pro-
» pose les lois, fait les réglemens pour leur exécution » : l'annullation
de créances sacrées ne pouvait donc pas , d'après cela, être l'objet
d'une simple disposition réglementaire ? Le droit de propriété est
consacré par toutes les lois. Ce Décret est donc nul quant à l'objet sur
lequel il dispose. Il ne l'est pas moins quant à la forme ; non-seule-
ment il n'a pas été inséré au Bulletin des Lois, mais encore , quand
on ne le considérerait que comme étant d'un intérêt particulier , il
devait, aux termes de l'Avis du Conseil d'Etat du 12 prairial an 13,
approuvé le 25 dudit mois, être au moins notifié aux parties intéressées ; c'était le seul moyen de le rendre valable pour la forme. Le second paragraphe de cet article est positif à cet égard ; il s'exprime en
ces termes :

« Et quant à ceux (les Décrets impériaux) qui ne sont point insé-
» rés au Bulletin des Lois, ou qui n'y sont indiqués que par leurs
» titres, *ils sont obligatoires du jour qu'il en est donné connaissance*
» *aux personnes qu'ils concernent, par publication, affiche, notifi-*
» *cation ou signification, ou envois faits ou ordonnés par les fonc-*
» *tionnaires publics chargés de l'exécution.* »

Rien de tout cela n'a été exécuté , les Colons et créanciers des îles
de France et de Bourbon sont encore à avoir la première connaissance
de ce Décret (s'il existe) ; ils ne l'ont jamais vu ; il n'a été ni publié,
ni affiché , ni notifié , ni signifié ; il n'est pas sorti de la poussière des
bureaux de la Marine, et il n'a pas pour eux l'ombre de l'existence. Il
est donc entièrement nul , puisque les formalités qui devaient le rendre
obligatoire n'ont jamais été remplies.

Si ce prétendu Décret, qui n'était déjà par lui-même qu'un acte de
violence et de spoliation provoqué par M. Decrès , le même Ministre
qui avait donné le crédit aux Administrateurs généraux des îles de

France et de Bourbon, était en principe nul dans la forme et au fond, sous le régime de l'oppression, comment pourrait-il avoir quelque valeur sous le régime de la justice et de la légitimité ? Les dispositions de l'art. 70 de la Charte, qui a garanti le payement de la dette publique et l'inviolabilité des engagemens pris par le Gouvernement envers ses créanciers, seraient alors bien illusoires.

Le Décret du 28 février 1812 est aussi définitif et aussi absolu, a dit M. le Ministre de la Marine, que tous ceux qui ont prononcé des déchéances et des annullations de titres. Son Excellence se trouve, à cet égard, dans une grande contradiction avec Monseigneur le Garde des Sceaux, qui, présent à la Séance de la Chambre lors de la discussion, déclara que *l'injustice commise à l'égard des créanciers des îles de France et de Bourbon, était évidente ; qu'il n'y avait aucune parité entre ce décret et ceux qui avaient prononcé une déchéance générale, et qu'il était, par sa nature, du nombre de ceux contre lesquels il y avait lieu de se pourvoir par opposition.* Ce sont les propres expressions de Son Excellence M. le Garde des Sceaux. Donc, le Décret dont il s'agit, n'est pas définitif.

Mais, ajoute M. le Ministre de la Marine, en admettant la demande des créanciers des îles de France et de Bourbon, ce serait ouvrir la porte à une quantité prodigieuse de réclamations de cette nature, et vouloir bouleverser les finances de l'Etat : étrange argument, sans doute ! Mais heureusement que ce déluge de maux que l'on attache à un acte de justice, n'est qu'un vain épouvantail, ainsi qu'il est facile de le prouver. Les créances dont on paraît craindre l'exhumation, ont toutes été annulées par les Décrets des 23 février 1808 et 13 décembre 1809 ; ces Décrets, par leur mention dans l'article 12 de la Loi des Finances du 15 janvier 1810, ont reçu la sanction législative, qui, juste ou non, leur a donné force de chose jugée et commande le silence ; mais aucune Loi n'est venue imprimer au Décret du 28 février

1812 ce caractère de légalité, qui pouvait le rendre absolu et définitif; il n'a été rappelé dans aucune Loi subséquente, il n'a reçu aucune
des approbations législatives que le Chef du Gouvernement de ce
temps-là savait bien être indispensables pour la validité des actes de
cette nature, puisqu'il a bien eu la précaution d'en faire revêtir toutes
les autres mesures injustes qu'il exerça sous la dénomination d'arriéré,
envers les créanciers de l'Etat, comme on le voit par les Lois de Finances des 9 ventose an 9, 15 janvier 1810 et 30 mars 1813.

Ainsi, la question relative aux créances réclamées par les Colons
des îles de France et de Bourbon, se trouvant dégagée par cette ex-
plication qu'il est impossible de contredire, de toute l'influence de
l'analogie que l'on a voulu établir, ainsi que des inquiétudes qui en
étaient la suite, il ne reste aucune raison pour qu'elle soit jugée au-
trement que par le Droit commun, proclamé par l'article 70 de la
Charte, et réglé par les Lois de Finances qui ont fixé le mode de payement de l'arriéré des exercices 1809 et 1810, auxquels appartiennent
leurs créances, qui, avec celles de la Martinique et de la Guade-
loupe, montent ensemble à la somme de 4,659,743 fr., sauf encore
liquidation, et qui sont les seules de ces exercices, qui aient essuyé
une contestation de cette espèce.

Enfin, les divers Ministres de la Marine qui se sont succédés depuis
1814 dans ce Ministère, ont été si pénétrés que le Décret du 28 février 1812 n'était ni obligatoire, ni définitif, qu'ils ont fait com-
prendre annuellement le montant des créances qui en étaient l'objet,
dans tous les Budjets présentés depuis lors, et notamment dans celui
n°. 29, du Budjet général de 1818.

Pour diminuer l'intérêt que des créances aussi sacrées doivent na-
turellement inspirer, et pour donner quelque apparence de raison à la
mesure injuste qui avait été prise pour les paralyser, quelques personnes

sonnes mal intentionnées ont cherché à insinuer qu'elles avaient été avilies, et qu'elles n'étaient plus dans les mains des vrais propriétaires ; mais rien n'est plus faux qu'une pareille assertion : le Gouvernement est à même de s'assurer que presque toutes les réclamations sont faites aux noms des propriétaires Colons de toutes les classes, ou de leurs procureurs fondés.

La légitimité de la demande des Colons et créanciers des îles de France et de Bourbon, et leur droit à être liquidés et payés, sont incontestables ; ils ne peuvent rien avoir de plus prépondérant en leur faveur, que les deux Décisions de la Chambre, dont la mission principale est de surveiller l'emploi des deniers publics, et l'opinion émise par Son Excellence M. le Garde des Sceaux, dans la Séance du 6 avril dernier ; aussi, pleins de confiance dans les lumières et l'intégrité du Conseil de SA MAJESTÉ, ils osent espérer que la vérité parviendra jusqu'au pied du trône ; que dans un moment où le Gouvernement a besoin de tout son crédit, il ne souffrira pas qu'on lui porte aucune atteinte, et qu'enfin, la justice qui leur est due, et qu'ils sollicitent depuis sept ans, leur sera accordée.

A CES CAUSES, SIRE, PLAISE A VOTRE MAJESTÉ,

Les recevoir opposans au Décret du 28 février 1812, et ordonner que cet acte sera regardé comme nul et non avenu, et qu'il sera procédé à la liquidation et au payement de la dette du Gouvernement envers les îles de France et de Bourbon.

Paris, le 4 Mai 1818.

(*Suivent les Signatures.*)

B

RAPPORT

*Fait à la Chambre des Députés, par sa Commission des Finances,
sur la Demande en liquidation des Colons et Créanciers des
îles de France et de Bourbon, le 6 Avril dernier; Opinions de
Leurs Excellences Nosseigneurs Messieurs le Garde des Sceaux,
et le Ministre de la Marine, et de plusieurs Membres de la
Chambre, et Décision prise sur cette Réclamation.*

(MONITEUR DU 7 AVRIL 1818.)

M. de Magneval, rapporteur de la commission des finances. Messieurs, la
commission du budjet remplissait une partie importante de son mandat, elle
était occupée à établir la distinction et la situation des divers arriérés composant
la totalité de la dette antérieure au 1ᵉʳ. janvier 1816, lorsque vous lui avez renvoyé la pétition des colons et créanciers des îles de France et de Bourbon.

Elle avait donc été déjà dans le cas d'observer que les réclamans étaient com-
pris à la date du 1ᵉʳ. octobre 1817, dans la dette du service des colonies restant
à liquider pour une somme de 4,659,743 fr. 45 c.

Et quoique cette créance fût présentée comme litigieuse, quoique le ministre
entendît ne rien préjuger sur la validité qu'il avait annoncé être soumise à l'examen du conseil d'Etat, il avait paru difficile de la mettre au nombre de celles
dont la juste réduction viendrait alléger le poids de la dette publique.

Le souvenir du rapport motivé fait à la chambre des députés le 19 novembre
1814, l'adoption unanime de ses conclusions, la jurisprudence du conseil d'Etat,

qui, le 22 décembre 1810, avait reconnu la légitimité d'autres créances des mêmes colons, invoquant alors le même titre dont ils s'appuient aujourd'hui, tout concourait à asseoir l'opinion que votre commission semblait s'être formée.

La connaissance que la pétition des colons de l'Isle-de-France lui a donnée de la circulaire du ministre de la marine, du 31 octobre 1817, n'a pas affaibli sa première impression, mais elle a dû fixer son attention sur la décision du ministre et sur ses conséquences.

M. le comte Molé écrit aux intéressés que son prédécesseur avait renvoyé à l'examen du comité de la marine et des colonies du Conseil d'Etat, la question de la révocation du décret du 28 février 1812, et que le comité a donné à ce sujet son avis le 17 septembre dernier ; mais qu'après en avoir conféré avec le comité des finances du même conseil, ayant à prononcer sur l'avis dont il s'agit, il a pensé qu'il n'y a pas lieu à revenir sur le décret déjà cité.

Le ministre n'énonce point, mais il laisse présumer quelle a été la décision du comité de la marine du Conseil d'Etat.

Elle était favorable, unanime et prononcée sur le rapport de M. Pichon, maître des requêtes, à qui le gouvernement du Roi a donné récemment des marques de sa confiance. Elle date du 19 septembre dernier, et porte en substance : que le décret du 28 décembre 1812 doit être écarté, et qu'il y a lieu à liquider la dette envers les îles de France et de Bourbon.

Il ne nous appartient pas de considérer comment dans la hiérarchie des sections du Conseil d'Etat, qui n'est pas réglée par la loi, une simple conférence avec un comité peut contrebalancer la décision formelle d'un autre ; nous considérerons seulement ce qui a directement trait à l'arrêté du ministre.

Il prononce entre deux sections du conseil d'Etat, sur une question qui intéresse des tiers ; or, si la faculté de decider contre eux en matière administrative, réside dans le conseil, c'est à sa réunion en comité général à juger définitivement le point contentieux : il ne semble pas être dans les attributions du ministre, qui doit se restreindre à faire exécuter l'arrêt du conseil, ou à son défaut, à provoquer une ordonnance de S. M., à laquelle son contre-seing attache le signe de la responsabilité.

Les colons et créanciers des îles de France et de Bourbon réclament contre le décret qu'on leur oppose comme ayant annullé les traites et les décomptes , dont ils sollicitent le remboursement.

Ils soutiennent que ce décret n'en est pas un , n'ayant pas été inséré au Bulletin des lois , qu'il n'a été confirmé ni même rappelé par aucune loi subséquente; qu'il est en cela fort différent du décret si souvent et si douloureusement cité du 25 février 1808. Maintenir l'autorité d'un tel acte , comme l'annonce la circulaire , n'est-ce pas prendre sur soi de l'ériger en loi et de prononcer qu'il en a les caractères ? Une telle suprématie est-elle dévolue au ministère ? Nous ne le pensons pas.

Dès lors , si votre commission considère le décret attaqué , elle ne peut s'empêcher de convenir qu'il est spécial , qu'il n'a pas été imprimé ; que seul dans son cas , il n'a été ni promulgué , ni confirmé par des décrets réguliers , et subséquens dans les formes qui régissaient la France en 1812 , et qui la régissent encore. « La loi ne peut commencer qu'après la promulgation de la loi » disait , le 23 février 1803 , M. Portalis , en présentant à ce sujet des dispositions législatives. La loi dont il s'agit n'a donc aucune existence.

D'autre part , et en examinant les créances en elles mêmes , votre commission ne remarque entre celles-ci et toutes autres figurant dans l'arriéré , nulle différence qui pût les soumettre à un contrôle particulier , étranger à celui du comité de révision chargé de scruter et d'apurer toutes les dettes des ministères , à mesure des liquidations. Elle a donc estimé comme la chambre de 1814 , dont un grand nombre de membres siègent encore parmi vous , qu'il y avait lieu à liquider les créances des colons des îles de France et de Bourbon , et elle vous propose de renvoyer leur pétition au ministre de la marine.

M. de Villèle. Messieurs , après avoir exigé de la France de si grands sacrifices pour satisfaire à l'acquittement de vos créances arriérées , et remplir avec scrupule l'obligation qu'en avait imposée l'art. 70 de la Charte , vous ne permettrez pas que des créances aussi sacrées que celles des pétitionnaires , soient privées du bénéfice de la loi commune , et soumises seules à un régime d'exception que rien ne saurait justifier.

L'art. 70 de la Charte porte que la dette publique est garantie , et que toute espèce d'engagement pris par l'Etat avec ses créanciers est inviolable.

Les pétitionnaires porteurs de lettres de change tirées avec l'autorisation du

Gouvernement, par ses délégués aux îles de France et de Bourbon, réclament devant vous, contre la violation inconstitutionnelle des engagemens pris par l'État avec eux.

M. le ministre de la marine oppose à la liquidation de leurs créances, un décret du 28 février 1812, et déclare que sur la question de la révocation de ce décret, il pense qu'il n'y a pas lieu à le révoquer.

Mais s'agit-il de révoquer un décret ou d'examiner si ce décret est légal, s'il n'est pas en contradiction avec la Charte qui a reconnu tous les engagemens pris par l'État avec ses créanciers, et si la décision de M. le ministre de la marine n'est pas en opposition avec les lois de finances qui, depuis 1814, ont fixé le mode d'exécution de l'art. 70 de la Charte, en déterminant le mode de paiement des dettes arriérées. Le décret sur lequel on prétend se fonder pour refuser le remboursement de fonds versés en partie et sans aucun agiot par des bons français, dans les caisses de ces colonies au moment où les dispositions menaçantes des anglais rendaient ce secours indispensable pour leur défense, ce décret spoliateur n'a jamais été publié, il n'a point été inséré au Bulletin des Lois, et celle du 18 ventose an 11 dit : qu'aucun décret ne pourra recevoir son exécution, s'il n'a été promulgué et inséré au Bulletin des Lois.

Ainsi la question dont le ministre avait à s'occuper, est évidemment décidée ; le décret du 28 février 1812, n'ayant point été inséré au Bulletin des Lois, ne pouvait recevoir son exécution sous l'ancien Gouvernement, que par l'abus de pouvoir le plus tyrannique : il ne peut être opposé aux réclamans sous un régime juste et constitutionnel ; ce n'est pas le révoquer qu'il faut, c'est ne pas l'évoquer pour lui donner une valeur légale qu'il n'a jamais eue.

Ce décret n'est pas le seul du même genre, rendu par l'ancien gouvernement pour ne pas payer ses dettes ; mais les autres décrets semblables dont on voudrait effrayer l'imagination, pour justifier l'application de celui-ci, ont tous été sanctionnés par les lois de finance postérieures, au lieu que la loi du 20 mars 1813, qui règle le mode de paiement des exercices dont font partie les créances des pétitionnaires, n'a ni rappelé, ni sanctionné le décret qu'on leur oppose.

C'est conformément à cette loi, que les pétitionnaires demandent à être liquidés : ils auront perdu pendant huit ans l'intérêt de leurs avances, elles ne leur

seront remboursées qu'en inscriptions sur le grand livre ; mais du moins auront-
ils été traités comme les autres créanciers de l'Etat, de la même époque du
moins ; la Charte et les lois n'auront pas été pour eux une vaine protection, et
le recours qu'ils ont porté devant vous n'aura pas été sans fruit.

La somme qu'ils réclament a toujours été portée au budget des dettes arriérées du ministre de la marine ; elle n'excédera pas, après liquidation, un capital
de 3 millions ; jamais dette ne fut plus légitime ; elle servit à défendre les seules
colonies restées intactes, quoique constantes dans leur attachement à la France ;
elle ne fera pas rejeter d'un arriéré où figurent celles des cent jours, et tant
d'autres sur lesquelles le gouvernement du Roi eût put se montrer plus sévère.

On dit souvent que les colonies n'ont pris aucune part au support des charges
que la révolution, la guerre et les invasions ont imposées à la France.

Eh, Messieurs ! on s'abuse étrangement quand on met en doute l'influence
fatale exercée sur le Monde entier par nos convulsions politiques.

Il n'est pas un coin de terre habitée par des Français, où toutes les phases de la
révolution n'aient été imitées, où nos erreurs n'aient eu de zélés partisans jus-
ques chez Tipoo-Saïb. On jurait dans les corps français formés dans son armée
haine à tous les tyrans, excepté toutefois au citoyen Tipoo.

Nous avons eu aux îles de France et de Bourbon, la banqueroute de notre papier-monnaie comme en France celui des assignats : et nous l'avons comptée par
millions comme vous par milliards.

Pour éviter le sort de Saint Domingue et nous conserver intacts pour la France, nous avons été en guerre avec ses gouvernemens, obligés de repousser les
forces qu'ils envoyèrent pour nous perdre, et en guerre avec toutes les puissan-
ces étrangères ; jusqu'à la paix d'Amiens nous avons supporté seuls le poids
d'une administration dévorante, et de toutes les calamités qui doivent peser sur
deux rochers isolés au milieu des mers et privés de leurs relations ordinaires par les
croisières constantes de l'ennemi.

Une horrible épidémie a enlevé le quart de la population noire, et cette population fait partie de la propriété.

Ces colonies ont comme vous subi le poids des invasions, une d'elles est
même restée au pouvoir de l'ennemi. La misère la plus affreuse pèse sur elles en

ce moment, il y reste si peu de numéraire que celle qui est sous votre domination sera peut-être réduite à la nécessité de recourir à un papier-monnaie pour pourvoir au besoin d'un signe représentatif pour faciliter les transactions et les moyens d'échange. Telle est la vérité, j'ai dû l'exposer, puisque les motifs que je combats ont été avancés par des hommes moins instruits de ce qui est que celui qui, comme moi, a passé vingt-ans dans ces colonies, a pris part à leur administation, et y conserve encore les relations les plus intimes avec leurs principaux habitans.

Je dois au reste prévenir la chambre que je ne parlerais pas dans cette question si j'avais le moindre intérêt dans les créances qu'on réclame, et si je n'étais assuré quelles n'ont point été négociées à vil prix et sont toujours dans les mains des propriétaires primitifs.

Je conclus à ce que la pétition soit renvoyée au ministre de la marine, et qu'il en soit gardé copie au bureau des renseignemens de la Chambre. — Cet avis est fortement appuyé.

M. le ministre de la marine demande à être entendu.

M. le comte Molé. Je me présente à cette tribune pour donner à la Chambre quelques explications. Les décrets dont on attaque l'exécution dans cette affaire, sont ceux du 23 décembre 1810 et du 28 février 1812. On a dit qu'ils devaient être considérés comme non-avenus, et qu'ils n'avaient aucun caractère obligatoire, parce qu'ils n'ont pas été insérés au Bulletin des Lois. J'aurai l'honneur de faire observer qu'il y a une multitude de décrets de cette nature qui n'ont pas été insérés au Bulletin des Lois, et qui cependant ont dû recevoir et ont reçu leur exécution. La loi qui vous a été citée est celle du 14 ventose an 11, et il me semble que cette loi n'exige la publication par la voie du Bulletin que pour les lois, et ne l'exige pas pour les décrets.

En 1814, les pétitionnaires se sont adressés à la Chambre : on vous a dit que cette Chambre avait renvoyé leur réclamation au ministre de la marine, avec un assentiment unanime. En effet, l'opinion du rapporteur leur était entièrement favorable ; mais le fait est que le renvoi fut pur et simple. Le renvoi est du mois de novembre 1814. Le ministre, M. le vicomte Dubouchage, ne prononça rien sur cette affaire ; le 20 mars arriva, et elle se trouva suspendue.

En 1815, elle s'est reproduite de nouveau. Le ministre de la marine consulta le comité de la marine. Le rapport n'était pas encore fait quand j'arrivai au mi-

nistère. On a dit que l'avis du comité de la marine était favorable aux pétitionnaires; je ne sais comment on a pu se procurer ce renseignement. Au surplus,
l'avis du comité n'était pas une décision. Le comité n'est qu'un conseil placé près
du ministre qui le consulte; il donne une consultation, un avis, et rien de
plus.

La réclamation est d'une haute importance, elle présente une créance de
4 millions 600 mille francs; en adopter trop légèrement le principe, serait ouvrir la porte à une quantité innombrable de réclamations de cette nature, et
entraîner à des conséquences incalculables pour l'accroissement de nos dépenses.

La chose en ce sens m'a paru si grave, que je ne me suis pas contenté de
consulter le comité de marine; j'ai aussi demandé l'avis du comité des
finances. Ce n'a pas été l'objet d'une conférence simple, car cette forme
n'est pas celle qui est suivie, mais l'objet d'un examen approfondi. Le comité
des finances a délibéré, et il a été d'avis qu'aux termes des décrets existans, la
réclamation devait être écartée. J'eus donc à prendre un parti : les pétitionnaires avaient pour eux l'opinion du rapporteur de la chambre de 1814; mais
le droit était contre eux, je ne pouvais que l'appliquer sans sortir de la mesure
des pouvoirs ministériels.

Il restait une ressource aux réclamans : c'était de provoquer la réforme des
décrets dont il s'agit, et de ma décision, par voie de recours à la commission
du contentieux du Conseil d'Etat.

Ils l'ont si bien senti qu'ils se sont servis de ce moyen ; car il est bon que
vous sachiez qu'en même temps qu'ils s'adressent à la chambre pour faire va-
loir leurs réclamations, ils s'adressent aussi au Conseil d'Etat où leur requête
est pendante. M. le garde-des-sceaux m'a communiqué leur demande pour avoir
mon avis. L'affaire suit donc le cours ordinaire de toutes celles de ce genre. Les
pétitionnaires suivent les degrés de juridiction. Il y a donc lieu d'attendre que
Sa Majesté ait prononcé sur l'avis qui lui devra être présenté par son Conseil
d'Etat, sauf aux pétitionnaires à recourir ensuite aux chambres pour y élever
la question de savoir si les lois ont été mal interprétées ou mal appliquées. Jus-
ques là je pense que le renvoi au ministre de la marine ne pourrait avoir aucun
effet, et que la chambre doit passer à l'ordre du jour.

On demande l'ordre du jour.

M.

M. de Corbières. M. le ministre de la marine ne me paraît pas avoir présenté la solution de la grande difficulté qui se présente. Il n'est pas douteux qu'il n'y aurait pas d'injustice plus criante que celle dont il s'agit, s'il n'y avait pas de recours contre la fin de non-recevoir qu'on oppose, et si la décision prise était irrévocable. Le refus du paiement des traites en question a paru dans le temps un acte de despotisme révoltant. Le contre coup s'en est fait sentir dans ma province. Les porte-feuilles des négocians s'en sont ressentis, et les cabinets des gens d'affaire en ont retenti. L'injustice est patente ; n'y a-t-il pas moyen de la réformer ? Peut-on s'appuyer sur le droit, c'est-à-dire, sur le décret cité ? Alors, la première, l'unique question est de savoir si le décret a une existence légale. M. de Villèle soutient avec le rapporteur de 1814 qu'il ne l'a pas. La question est là : or, M. le ministre de la marine qui a eu pleine connaissance de cette affaire, et tout le temps nécessaire pour se procurer tous les renseignemens désirables, n'a parlé de la loi du 14 ventose an 11, relative aux insertions au Bulletin des lois, que dans les termes du doute. Son expression a été vague et incertaine ; il a dit qu'il lui semblait : nous avons besoin d'être éclairés plus positivement sur ce point. Au surplus, que demande la commission ? un renvoi de la pétition au même ministre. Rien de plus simple sans doute que de lui donner les moyens de se livrer à un plus mûr examen, et de réparer, s'il est possible, une grande injustice. J'appuie donc le renvoi proposé.

M. le comte Molé. Je ne reprends la parole que pour répondre à ce qui vient d'être dit sur cet accent de doute qu'on a cru remarquer en moi, lorsque j'ai parlé des dispositions de la loi relative aux publications, par le Roi, du Bulletin des lois. Je dirai à l'orateur, que je connaissais et me rappelais très-bien cette loi ; mais qu'ébranlé par des assertions contraires, j'avais besoin de recourir à son texte, pour bien m'assurer qu'elle n'exigeait pas l'insertion des décrets au Bulletin des lois. Je l'ai vérifiée ; elle est positive, elle n'exige point l'insertion des décrets, mais seulement celle des lois. Ainsi, le décret attaqué existe ; ainsi, on ne peut le considérer comme non avenu, par la seule raison du vice de forme qu'on croit pouvoir lui reprocher....

(Pendant que le ministre parle, M. de Villèle fait demander aux bureaux de la chambre le Bulletin des lois de l'an 12 ; M. le garde-des-sceaux lui envoie le volume qu'il avait sur son pupitre.)

M. le comte Molé reproduit dans les mêmes termes les conclusions qu'il a déjà présentées.

C

On demande de nouveau l'ordre du jour.

M. de Chauvelin. Je viens appuyer le renvoi à M. le ministre de la marine, et je m'empresse de dire que ceux qui pourraient voir ce renvoi avec inquiétude, et redouter le danger d'une trop grande facilité dans les liquidations de cette nature, doivent être complètement rassurés par le soin que M. le ministre met à leur examen. Toutefois, il s'agit de repousser ici une fin de non-recevoir, car c'est ainsi qu'on l'a qualifiée, et cette fin de non recevoir serait trop injuste. La loi citée, et que je connais très-bien, peut avoir eu pour but de cacher aux yeux du public une foule de décrets que l'on avait intérêt à retenir dans l'ombre ; mais je ne puis penser qu'elle ait eu pour objet d'y retenir des décrets tels que ceux qui fixent les destinées des créanciers de l'État. Ce serait un grand malheur ; quant à présent, et sous l'empire de la Charte, il me semble impossible de forcer dans un sens rigoureux l'interprétation de cette loi. Si la question importe au crédit, elle lui importe autant dans un sens que dans un autre ; car si dans le premier, le crédit veut que les liquidations ne puissent étendre leur cercle, et faire prévoir des charges nouvelles ; dans le second, le crédit veut aussi que les droits des créanciers légitimes soient religieusement reconnus et respectés. Ce dont le crédit aurait le plus à s'alarmer, ce serait d'un ordre de chose tel, qu'on pût craindre de voir sortir de temps à autre des cartons des ministres, des décrets impériaux inconnus jusqu'alors, qui frapperaient de nullité des droits que l'on aurait regardés comme incontestables. La question est très-grave, et si la discussion générale du budget n'eût pas été si promptement fermée, elle aurait pu trouver utilement sa place dans cette discussion. Sa gravité est telle qu'il ne me semble pas qu'on puisse se refuser au renvoi.

Quant à la fin de non-recevoir puisée dans le motif que les pétitionnaires se sont adressés au conseil d'État, j'observe qu'il y a deux parties de réclamans, qui ont suivi une ligne différente pour arriver au même but : les uns se sont adressés à la chambre ; les autres, au conseil d'État. Ainsi, il ne faudrait pas que le conseil d'État pût dire à l'une de ces parties d'attendre que la chambre à laquelle elle s'est adressée, ait manifesté son vœu à leur égard.

J'ajouterai que c'est une autre question également grave, que celle de savoir si en effet, pour que la Chambre s'occupe de la réclamation d'un pétitionnaire, il est nécessaire d'attendre que le pétitionnaire ait atteint tous les degrés de juridiction, et que la Chambre, pour en connaître, doive attendre en silence la décision qui en aura été portée. Il est des circonstances sans doute où elle doit laisser prononcer l'autorité, sans croire nécessaire son intervention personnelle; il en est d'autres aussi où elle doit se conserver un libre arbitre et les moyens d'une favorable influence. Et qu'elle occasion plus convenable que celle-ci? Nous savons tous quels ont été les sacrifices des colonies dont il s'agit. L'une d'elles n'est plus française; c'est une raison de plus de lui porter des consolations, et d'être justes envers elle. Son malheur ne doit la rendre que plus respectable à vos yeux. Le renvoi proposé, d'ailleurs, n'est qu'un renvoi pur et simple, et j'ai bien quelque crainte que M. le ministre de la marine ne soit, dans sa seconde pensée, dominé par la première qu'il a cru de son devoir d'adopter. Je n'en insiste pas moins sur le renvoi proposé par votre commission du budjet.

M. de Villèle. Une preuve qu'on ne pensait pas qu'avec un décret on pût refuser de payer ses dettes, c'est que la loi des finances de janvier 1814 a donné force de loi au décret sur les liquidations. On reconnaissait alors qu'un décret ne pouvait statuer sur de tels intérêts. On a cité le décret dans la loi, pour lui donner la force qui lui manquait. On en reconnut alors la nécessité; et aujourd'hui, sous l'empire de la Charte, on serait fondé à citer un décret pour autoriser la continuation d'une spoliation. Cela est trop contraire à la justice et au véritable crédit public. Je persiste à demander le renvoi.

M. le garde des sceaux. L'injustice commise à l'égard des pétitionnaires est tellement évidente, que personne ne croira dans cette Chambre que mon intention soit de venir parler contre eux. Mais il est essentiel que la Chambre connaisse bien ce qu'elle va faire, et quelles en peuvent être les conséquences.

Avant de l'établir, je répondrai quelques mots à l'honorable membre qui a précédé l'orateur qui vient de descendre de la tribune. Il a paru attacher peu d'importance à un renvoi de la Chambre à un ministre, avant que tous les degrés de juridiction aient été observés par des pétitionnaires. Il y aurait de graves inconvéniens à adopter cette idée; il peut se présenter des pétitions de toute nature, même sur des affaires pendantes devant les tribunaux. Or, s'il est vrai qu'il ne doit y avoir rien au monde de plus indépendant que l'homme appelé à juger ses concitoyens, s'il est vrai qu'il doive être à l'abri de toute influence , comment pourriez-vous le placer sous l'influence peut-être la plus puissante sur lui, celle si respectable de la Chambre des députés qui prononcerait un renvoi? Quoiqu'on puisse dire que le renvoi est pur et simple, il a été délibéré ; et puisqu'il est autre chose qu'un ordre du jour, il témoigne, il fait présumer un certain intérêt en faveur des pétitionnaires. Je crois donc que le principe qui vient d'être établi doit être constamment repoussé par la Chambre.

Ce n'est pas que je croie que dans cette circonstance, le renvoi demandé ait un inconvénient sérieux ; mais qu'en resultera-t-il ? M. le ministre de la marine acquerra-t-il par ce renvoi un droit qu'il n'a pas ? A-t-il le droit de révoquer une décision revêtue de la forme d'un décret ? Peut-il payer ce qu'un décret existant dit qu'on ne paiera pas ? Vous êtes loin de le penser , et il y aurait effectivement le plus grand danger de permettre de retirer ainsi des décrets rendus , quoiqu'ils aient pu ordonner et consommer de grandes injustices.

Le décret n'est pas celui qui a prononcé une déchéance générale, et M. de Villèle en a fait la distinction très à propos. C'est un décret spécial, contre lequel il y a lieu à se pourvoir par oppositions , et c'est ce qu'ont fait les pétitionnaires. Il n'a pas été mis dans le Bulletin des lois : c'est qu'il n'était qu'un décret.

M. de Villèle, de sa place. Par un décret, on n'avait pas le droit de ne pas payer....

M. le garde des-sceaux. C'est précisément pour cela que ce décret peut être attaqué. Le conseil d'Etat est saisi de l'affaire ; il l'examine, il fera son rapport, il donnera son avis ; le Roi prononcera. Voilà l'état des choses.

Dans cet état, si le renvoi peut paraître inutile, j'avoue qu'il me paraît aussi n'offrir que peu d'inconvéniens ; la matière est si grave, et la chose est si intéressante , que j'ai moi-même de la peine à me refuser à partager cet intérêt....

M. de Corbières et M. de Villèle. Eh bien ! aux voix le renvoi.

M. le président. Il a été proposé de passer à l'ordre du jour....

M. de la Bourdonnaye. Ce n'est pas par un membre de la Chambre.... M. le ministre de la marine n'est pas membre de la chambre, il ne peut pas faire de proposition.

M.

M. le président. Un ministre du Roi présent à la séance a toujours le droit de faire des observations sur la matière en discussion. M. le ministre de la marine a fait ces observations sur l'objet qui vous occupe ; elles tendaient donc à rejeter la proposition du renvoi par l'ordre du jour. Si personne ne demande l'ordre du jour , je mets aux voix le renvoi proposé par la commission.

Le renvoi est mis aux voix et adopté sans opposition.

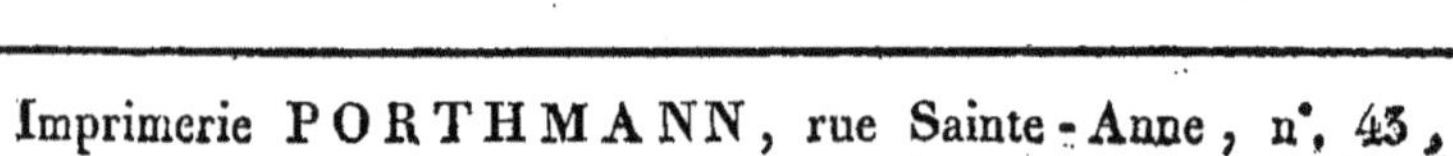

Imprimerie PORTHMANN, rue Sainte-Anne, n°, 43, vis-à-vis la rue Villedot.

www.ingramcontent.com/pod-product-compliance
Lightning Source LLC
Chambersburg PA
CBHW061606050726
47595CB00007B/2812